27
Ln 15991.

27.
En 1599.

LETTRE

Du Docteur **PELLIEUX**, de Baugency,

A SES CONCITOYENS,

EN RÉPONSE

A UNE CIRCULAIRE DE M. LORIN DE CHAFFIN;

LE TOUT PRÉCÉDÉ

DE L'EXPOSÉ

DE QUELQUES EXPLICATIONS,

QUI AVAIENT ÉTÉ DEMANDÉES AU DOCTEUR PELLIEUX AVANT LA
PUBLICATION DE LA LETTRE DE M. LORIN.

> Mon principe a toujours été que l'on ne doit jamais laisser tomber à terre la calomnie quelque méprisable qu'elle soit. Si l'on ne parvient pas à la confondre et à l'étouffer publiquement, on finit toujours par en être accablé. (*M. le duc de Fitz-James.*)
>
> Je ne brigue pas les suffrages, mais je n'accepte pas les flétrissures.... mais je veux votre estime.
> (*M. de Lamartine à ses concitoyens.*)

Orléans,

IMPRIMERIE D'ALPHONSE GATINEAU.

—

1840.

LETTRE

DU DOCTEUR PELLIEUX

A SES CONCITOYENS.

MESSIEURS,

UN article parti de Baugency, et inséré dans *l'Orléanais* du 20 mai 1840, a été un véritable événement pour notre cité (1). Il n'est peut-être pas un de nous qui n'ait

---

(1) Cet article est ainsi conçu :
« Voici une petite aventure qui, depuis quelques jours,

voulu le lire. Plusieurs personnes ont eu, avec moi, au sujet de cet article, des explications qui ont été

---

fait le sujet des causeries malignes de notre cité. Le second clerc d'un notaire de Baugency avait autographié, à l'aide de la presse de son patron et à l'insu de celui-ci, une satire contre le premier clerc d'une autre étude. Cette pièce, qui a pour titre *un Prédestiné*, relevait fort innocemment quelques petits ridicules du premier clerc, qui n'avait pas lui-même cru devoir s'en offenser. A peine même cette satire avait-elle été lue par quelques personnes de la ville, quand le patron du clerc ridiculisé s'avisa d'un expédient qui donna tout-à-coup à *un Prédestiné* une sorte de célébrité. Il se présenta un matin chez son confrère pour lui signifier de chasser de chez lui l'auteur de la satire, le menaçant même du procureur du roi et de la chambre des notaires s'il ne se soumettait à cette injonction. Ce ton d'arrogance obligeait celui-ci à garder son clerc, quand même son intention eût été de le renvoyer. Aussi, déclarat-il qu'il était décidé à ne pas s'en séparer, ne voyant d'ailleurs, dans l'objet de cette plainte, qu'une querelle d'enfans tout-à-fait indigne de leur attention. Mais alors le premier clerc, qui jusque-là ne s'était guère occupé de cette affaire, alla, et, si l'on en croit les mauvaises langues, à l'instigation de son patron, proposer un duel au second clerc. Heureusement les témoins choisis, mieux inspirés que le conseiller du provocateur, s'interposèrent entre les deux champions, et quelques explications satisfaisantes de l'offenseur ramenèrent la paix entre les deux enfans de la Basoche. Mais peu s'en était fallu que, grâce à l'interven-

rapportées avec inexactitude ; il m'importe qu'à cet égard la vérité vous soit parfaitement connue.

Le 21 mai 1840, la femme de chambre de ma-

---

tion d'un homme d'un âge mûr, une véritable querelle d'enfans n'eût été transformée en un combat à l'épée ou au pistolet, qui aurait troublé le calme de notre ville, d'ordinaire si tranquille. Aussi les reproches n'ont-ils pas été épargnés à celui qui, du reste, a eu le talent de jouer un rôle quelque peu ridicule dans une affaire qui lui était complétement étrangère. Et chacun de se demander comment un homme, qui a la réputation d'être très-pacifique, a pu être poussé à tout ce bruit ? Ce beau zèle provenait-il d'une tendre sollicitude pour l'oisillon élevé sous son aile ? ou ne serait-ce pas tout simplement la crainte de perdre le sceptre littéraire dont il croyait s'être acquis le monopole dans notre ville, qui lui aurait suggéré l'idée de faire déguerpir l'auteur d'*un Prédestiné*, œuvre écrite avec une facilité et une pureté de style remarquables ? Une première fois notre grand écrivain s'était conduit de la même manière à l'égard d'un de nos concitoyens, alors fort jeune (mais qui donnait déjà les plus belles espérances), à l'occasion d'un article très-bien écrit qui avait été inséré dans l'*Orléanais*. Il avait cherché, comme cette fois-ci, à ameuter contre le jeune auteur, non ses confrères du notariat, mais ses collègues de la garde nationale, afin de lui faire déserter un théâtre où il tient à ce que certains rôles ne soient pas remplis par d'autres que par lui. Persécuter, décourager, écraser ainsi les talens naissans, cela, de la part d'un partisan affiché

dame Guerton mère, me remit une lettre ainsi conçue de M. Lorin de Chaffin :

« Monsieur,

« Je viens de lire à l'instant dans *l'Orléanais*, un
» article calomnieux, évidemment dirigé contre moi,
» et que tous nos concitoyens indistinctement vous
» attribuent.
» Pour des raisons que tout homme d'honneur doit
» comprendre, j'ai besoin de savoir si cet article est
» en effet de vous, et je vous prie de me répondre
» catégoriquement à cet égard.
» J'ai, monsieur, l'honneur de vous saluer.
» Beaugency, 21 mai 1840.
» 5 heures du soir.
» LORIN DE CHAFFIN. »

Je remis au porteur de cette lettre la réponse suivante :

« Monsieur,
» Je n'ai pas un seul mot à répondre à votre lettre.

---

du progrès, d'un ami chaud des lumières, n'est pas infiniment logique ; mais aussi, comment raisonner et raisonner froidement lorsqu'on se voit menacé de perdre le glorieux monopole de faire gémir la presse à Baugency ! »
(*Extrait de* l'Orléanais *du 20 mai 1840.*)

» J'ai, monsieur, l'honneur de vous saluer.

» Baugency, 21 mai 1840.

» Docteur PELLIEUX, M. C.

» de l'Académie royale de médecine de Paris. »

Le 22, j'étais allé à la mairie pour parler à M. le maire (M. Pandellé). Je le trouvai en tête-à-tête avec l'architecte de la ville (M. Blondin), qui tarda peu à sortir. Peu de temps après, entrèrent successivement M. Guerton, capitaine des pompiers, et M. Ailhaud, directeur du dépôt de mendicité. M. Guerton pouvait me demander une explication en présence du maire et du directeur; il n'en fit rien. Mais j'étais à peine sorti que je l'entendis marcher derrière moi. Je me retournai aussitôt, et nous nous trouvâmes en face l'un de l'autre devant la porte du corps-de-garde. Il ne tenait encore qu'à M. Guerton de m'inviter à rentrer à la mairie s'il eût voulu avoir des témoins de notre entrevue; il ne le jugea pas à propos. J'insiste un peu sur cette circonstance, parce qu'elle est de quelque importance à mes yeux. Cette explication avait eu lieu entre nous seuls, j'avais donc cru d'abord devoir n'en pas parler; mais comme elle était déjà publique le 24, et comme surtout quelques personnes officieuses la débitaient d'une manière qui m'était peu favorable, j'ai pris, dès ce moment, le parti de la raconter moi-même telle qu'elle s'était passée. Cependant ces mêmes erreurs ou ces mêmes mensonges continuant à se répandre, je dois recourir à des moyens plus efficaces pour les combattre : telle est la raison qui m'engage à faire imprimer une relation circonstanciée de l'entrevue dont il s'agit. Après m'avoir salué avec civilité, M. Guerton me demanda de lui nommer l'auteur de l'article qui a été publié le 10 mai dans l'*Orléanais* sur l'inauguration du dépôt de mendicité. Je lui fis la réponse que j'avais faite la veille à M. Lorin de Chaffin, au sujet de celui du 20 du même mois. — Cet article, ajouta M. Guerton, jette quelque ridicule sur moi, il m'importe donc de savoir par qui il a été envoyé au journal. — Je n'ai, lui dis-je, aucune réponse à faire à cette demande. — Si la chose se renouvelait, répliqua M. Guerton, avec l'air et le ton de la menace, et que j'en découvrisse l'auteur, je le prendrais cavalièrement ! — Qu'entendez-vous par là, répondis-je froidement ? — Que je donnerais ma main sur la figure à l'auteur, dit-il, en s'échauffant de plus en plus. — Si vous me donniez la main sur la figure, repris-je, en conservant le plus grand calme, M. Guerton et M. Pellieux feraient aussitôt le coup de poing au milieu de la rue : trouveriez-vous cela convenable ? — Mais je n'en resterais pas là ! — Eh bien, où cela vous conduirait-il ? Tenez, M. Guerton, croyez-moi, laissez ces procédés violents qui ne peuvent avoir aucun bon résultat et qui ne sont pas de notre époque. Voyons, de quoi vous plaignez-vous ? De l'article sur l'inauguration du dépôt de mendicité ? Sincèrement, je ne crois pas que vous ayez lieu de vous en plaindre. Au surplus, je veux bien vous dire que j'ai de l'estime pour vous, et, j'en suis bien certain, ces sentiments sont réciproques ; je vous avoue que, plus d'une fois, j'ai parlé de vous dans les journaux et je n'en ai jamais parlé qu'avec éloge, parce qu'à mes yeux vous le méritiez, et que rendre justice à tous est ma plus grande étude. — Jamais, me dit M. Guerton, vous n'avez eu non plus à vous plaindre de moi. — Je le crois, répondis-je. Mais, M. Guerton, ajoutai-je en appuyant sur chaque mot et en pressant son bras de ma main, de manière à mieux fixer son attention, gardez-vous de donner une fausse interprétation à ce que vous venez d'entendre ; n'attribuez pas à la peur ces paroles pacifiques : car si jusqu'ici vous n'avez reçu de moi que des éloges mérités, demain, homme public, ne commettez pas une mauvaise action... — Cela me suffit, me dit M. Guerton, et nous nous séparâmes aussi cordialement que nous nous étions abordés.

Voilà, Messieurs, dans toute leur exactitude, les faits relatifs aux *explications* dont je voulais vous parler avant d'arriver à la circulaire de M. Lorin et à ma réponse. Bien qu'ils ne soient déshonorants ni pour M. Guerton ni pour moi, je les avais tus d'abord ; j'ai dit pourquoi : j'ai fait connaître aussi la raison pour laquelle je les livre aujourd'hui à la publicité. J'aurais voulu qu'avant d'être remise à l'imprimeur, la relation en eût été reconnue vraie par M. Guerton ; c'est une proposition que je suis allé plusieurs fois lui faire chez lui, en lui en présentant une copie. Mais mon récit ne l'a pas complétement satisfait. Cependant, dans notre première entrevue, il n'avait rien trouvé d'essentiel à y changer ; il m'avait même autorisé à le montrer tel qu'il était, et tel qu'il est encore aujourd'hui quant aux faits, si je le jugeais à propos. Le lendemain, il m'a adressé une lettre où il me parle d'inexactitudes graves que contenait ma relation. Je suis allé le trouver de nouveau, et je lui ai proposé, de la manière la plus pressante, de rédiger de concert, une autre note, et de la signer l'un et l'autre ; rien n'a pu l'y déterminer. Premièrement, il lui répugnait beaucoup de parler de nouveau au public de cette affaire, dont j'étais moi, dans l'obligation de parler. Secondement, il tenait surtout à la suppression de la dernière phrase, de laquelle il m'était impossible de faire le sacrifice, attendu que cette phrase, donne à une grande partie de la pièce, le véritable caractère qui y est propre. Le soin que j'ai mis à ne dire que ce qu'il était essentiel de dire dans l'intérêt de la vérité, me fait espérer que M. Guerton ne se croira pas obligé de réclamer contre le compte que je viens de rendre de notre première explication ; s'il en était autrement, mon intention formelle est de ne pas prolonger, par une nouvelle contradiction, une discussion que j'ai fait tous mes efforts pour prévenir entièrement.

Sommé impérieusement de m'expliquer, j'avais dû garder un silence qui prouvât, aux faiseurs de sommations, que je ne reconnais qu'à la loi, le droit de me forcer de parler, quand telle n'est pas ma volonté. Une autre considération m'obligeait encore de me taire. *L'Orléanais* a, dans Baugency, d'autres correspondants que moi. Quelques-uns peuvent tenir à n'être pas connus; ils en ont le droit : mais ce droit ne deviendrait-il pas totalement illusoire, s'il était permis au premier venu, de questionner tour à tour, tous ceux qui sont soupçonnés de prendre part à la correspondance ou à la rédaction de ce journal? et avoir la faiblesse de répondre à de telles interpellations, ne serait-ce pas s'exposer à faire connaître le nom des correspondants qui ont et l'intention et le droit de rester ignorés? En cette occurrence, garder le silence était donc pour moi doublement un devoir. Mes amis ont généralement approuvé ma détermination à cet égard.

C'est quelques jours après mon explication avec M. Guerton, que M. Lorin fit distribuer avec profusion la lettre imprimée que voici :

« A MES CONCITOYENS.

« Attaqué par *l'Orléanais*, dans son numéro du 24 mai, avec une violence que rien ne saurait justifier, j'ai dû répondre sur-le-champ pour donner un démenti formel aux calomnies que dirige contre moi son correspondant de Beaugency. L'insertion de ma lettre m'a été refusée : je n'ai donc plus d'autre ressource que de signaler au mépris public, le lâche qui, se tenant constamment à couvert sous le voile de l'anonyme, n'écrit dans un journal que pour tourner en ridicule l'administration de son pays et ses concitoyens. A lui la responsabilité de ce rôle infâme ! Pour moi, dont la vie ne se cache pas dans l'ombre, je ne demande à mes lecteurs que de juger entre celui qui consacra toujours sa plume et son temps à servir les intérêts de sa ville adoptive et l'homme qui en abuse pour déconsidérer le pays qui l'a vu naître.

« LORIN DE CHAFFIN.

« Beaugency, le 24 mai 1840. »

Au sujet de la lettre imprimée qu'on vient de lire, les avis n'ont pas été unanimes. Mes amis d'Orléans ont pensé qu'elle portait sa réponse avec elle. A Baugency, au contraire, comme on s'attendait toujours à trouver une réplique dans les numéros les plus prochains de l'*Orléanais*, on a d'abord à demi patienté. Que ce soit à tort ou à droit, me dit-on aujourd'hui, c'est évidemment contre vous que sont dirigées les attaques de M. Lorin de Chaffin ; parce que c'est vous qui, à Baugency, correspondez le plus souvent avec l'*Orléanais*; parce que vous n'avez pas constamment l'habitude de signer les articles que vous adressez à ce journal ; parce que vous avez publié dernièrement contre les deux feuilles du Loiret, une petite brochure dans laquelle, vous reconnaissez l'*Orléanais* pour l'organe ordinaire de vos opinions : vous ne pouvez donc pas vous dispenser de répondre. L'opinion de mes amis d'Orléans est celle que j'ai toujours partagée et vers laquelle je penche encore le plus en ce moment; cependant, accéder aux désirs si vivement exprimés par beaucoup de mes concitoyens, me paraît une condescendance qu'ils sont bien en droit d'attendre de moi, pour l'intérêt si flatteur qu'ils m'ont manifesté dans cette circonstance, et pour l'espèce de solidarité morale qu'ils m'ont en quelque sorte si cordialement offerte.

Si nous en croyons M. Lorin, l'*Orléanais* l'a attaqué avec violence, l'a calomnié même; il s'est hâté d'écrire à ce journal, mais il n'a pu lui faire agréer sa réponse. Si sa demande était fondée, pourquoi un tel refus de la part d'une feuille qui ne manque jamais d'accueillir les réclamations justes qui lui sont adressées? Dans une semblable extrémité, quel parti va prendre M. Lorin de Chaffin? Démontrer sans doute dans une lettre *ad hoc*, que le journal contre lequel il se défend, est un calomniateur? Prendre ainsi les chemins battus! ah! fi donc. Il ne démontrera rien, il ne prouvera rien; mais il *démentira formellement*, il accusera de *calomnies*, il *signalera au mépris public le lâche qui tourne en ridicule l'administration de son pays*, fort étonnée, par parenthèse, cette pauvre administration qui n'en peut mais, de se trouver ainsi fourrée dans tout cela... *Dire pourquoi une chose est bonne ou mauvaise*, a écrit Labruyère, *c'est une affaire; il est plus court de prononcer d'un ton décisif...* mensonge! calomnie! lâcheté!

Tout à l'heure, c'était de M. Lorin tout seul qu'il s'agissait. A quel propos met-il actuellement en jeu l'administration? Ah!.. à quel propos! C'est qu'il ne serait pas fâché, par un appel aux passions, de lui faire épouser ses griefs; ah! s'il pouvait même les faire partager à ses confrères du notariat, à ses collègues du Petit-Jardin, aux pompiers, aux officiers de la garde nationale, à la garde nationale entière, à toute la cité en masse, soyez-en bien assurés, messieurs, il n'y manquerait pas! Voyez-le, s'enhardissant de plus en plus en arrivant à la dernière ligne de sa lettre; ce n'est plus seulement alors l'administration, ce ne sont pas seulement ses confrères, ses collègues, ses soldats, la garde entière qu'il met en cause; c'est... LE PAYS! Quel dommage, Messieurs, que cette petite ruse, plus d'une fois mise en œuvre avec tant de bonheur par M. Lorin, commence si fort à s'user!

Nous n'avons ni à avouer ou à désavouer, ni à juger l'article qui a plongé M. Lorin dans un si profond désespoir; notre cité qui connaît les faits, sait ce qu'elle a à penser et de la calomnie dont se plaint si amèrement M. Lorin de Chaffin, et de son hardi démenti: analyser la lettre dans laquelle se trouve l'attaque dont nos amis nous croient l'objet, voilà, à nous, notre devoir et notre droit.

M. Lorin appelle son adversaire *ennemi du pays, menteur, calomniateur, lâche, infâme.* Est-ce à moi que s'adressent toutes ces attaques? S'il en est ainsi, M. Lorin me permettra de lui faire remarquer que s'il n'eût pas connu parfaitement mes opinions sur le duel, il eût été sans doute un peu plus réservé dans ses expressions. Il sait, en effet, q'il n'y a pas de duel à craindre avec moi tant qu'on ne me provoque pas. Il sait qu'à mes yeux, le duel est un acte absurde, un acte barbare, un crime dont je ne me rendrai jamais coupable que si j'y suis contraint et forcé, c'est-à-dire uniquement lorsqu'on me le proposera; c'est le seul cas, selon moi, où un homme sensé soit à demi-excusable de payer tribut au plus anti-social, au plus abominable des préjugés. Je fais en toute rencontre profession de penser ainsi; mes concitoyens auxquels je cherche en toute occasion à inculquer mes idées à cet égard, les connaissent depuis long-temps; M. Lorin lui-même m'a entendu plus d'une fois les proclamer hautement; il sait donc, à n'en pouvoir douter, que c'est sans courir aucun risque qu'il se donne ces airs de porte-plumet.

Lâche, dit M. Lorin (lequel, contre sa coutume favorite, montre ici une sorte de velléité de raisonnement) *lâche qui se tient constamment couvert sous le voile de l'anonyme.* Mais ce M. Lorin de Chaffin, qui se déchaîne si fort aujourd'hui contre les anonymes, parce qu'il se sent déchiré et meurtri entre les serres d'un anonyme et même de plusieurs anonymes, car, depuis quelque temps, les satires pleuvent sur M. Lorin de Chaffin, est loin d'avoir toujours professé la même opinion. A-t-il oublié un fait que je vais lui rappeler? Au mois de juin 1831, un anonyme calomniait lâchement M. Martial Boucheron, ce jeune homme de conduite si régulière, de si belle espérance, si digne déjà de l'estime et de l'affection de la cité. M. Boucheron *signait*, lui, les articles consacrés à sa défense. Sur ces entrefaites, il fut obligé de quitter Baugency. Le calomniateur anonyme n'en continua pas moins ses attaques. Mon frère se crut alors obligé de repousser, dans une lettre imprimée *qu'il signa*, un reproche d'étourderie adressé à son ami absent. Dans cette lettre est le passage suivant : *Il serait plaisant vraiment que, sous le voile dont il se couvre, on pût reconnaître un homme de notre ville dont l'étourderie et les inconséquences y passent en quelque sorte en proverbe* (Voyez *l'Orléanais* du 6 juillet 1831). M. Lorin a-t-il oublié qu'il fut alors regardé par tout le monde (nous aimons à croire que ce fut à tort), comme le point de mire de ces reproches? A-t-il oublié qu'il ne songea ni à réclamer contre une erreur si injurieuse pour un homme à qui l'anonyme inspire tant d'aversion, ni à sévir contre l'auteur des calomnies anonymes? Mais c'est quelque chose de bien ridicule de ma part, que d'exiger de M. Lorin d'avoir aujourd'hui les opinions d'hier et demain celles d'aujourd'hui; l'anonyme sera permis, honorable, glorieux, lorsqu'il vous sera utile; n'est-ce pas, M. Lorin de Chaffin? Il sera coupable, il sera lâche, lorsqu'il vous blessera ; n'est-ce pas, M. Lorin de Chaffin ? Et c'est juste :

> Le sage dit, suivant les temps :
> Vive le roi ! vive la ligue !

L'anonyme n'écrit dans un journal que pour tourner en ridicule l'administration de son pays et ses concitoyens... que pour déconsidérer le pays qui l'a vu naître. Est-ce encore à moi que ce reproche s'adresse? S'il en est ainsi, examinons quelle en est la valeur. Oui, j'en conviens et même je m'en glorifie ; quand il me semble que l'administration se fourvoie, je me crois obligé de lui montrer le bon chemin dont elle me paraît se détourner et de l'éloigner du mauvais dans lequel je crois qu'elle s'engage ; oui, j'en conviens, quand un concitoyen puissant abuse de son pouvoir, je me crois obligé, si je m'en aperçois, de faire mes efforts pour le rappeler à la raison et à la justice ; c'est donc là un crime aux yeux de M. Lorin? Eh bien, aux miens, c'est un devoir ; ce sera toujours un devoir. Mais dire que je n'écris QUE POUR tourner en ridicule l'administration et mes concitoyens, c'est la plus imprudente des allégations ; il m'est si facile de prouver le contraire ! En rendant compte de l'assassinat de M. Vezin, dans un article anonyme de *l'Orléanais* du 25 décembre 1839, je dis qu'en cette occurrence, M. Montigny-Baschet, *a montré son activité accoutumée*; voilà pour le juge de paix. Au marché du samedi 22 juin

1836 (voyez l'*Orléanais* du 26 juin), un peu de désordre avait eu lieu; et, sous le voile de l'anonyme, j'avais adressé à l'autorité quelques reproches, sur le peu de précautions qu'on avait prises pour le prévenir. Dans un article du numéro suivant (3 juillet 1839), écrit de même sous le voile de l'anonyme, se trouva ce passage : « Au dernier marché hebdomadaire, » l'ordre le plus parfait n'a pas cessé un instant de » régner; *l'autorité s'est montrée partout active, in-* » *telligente, paternelle, et digne de tous les éloges;* » voilà pour le maire, voilà pour l'administration. Nous ne remonterons pas plus haut; ces deux exemples prouvent la confiance que méritent les assertions de M. Lorin de Chaffin. Quant à mes concitoyens en général, qui ne s'est aperçu du plaisir que je trouve à leur donner les éloges dont ils se rendent dignes ! Dans *l'Orléanais* du 17 décembre 1838, je signale à la reconnaissance de Baulle et des communes voisines, la part que M. Guerton venait de prendre à l'organisation d'une compagnie de pompiers dans ce bourg. Il n'est pas jusqu'à ceux des enfants du pays qui se font remarquer dans leurs études, dont je ne me plaise à enregistrer les succès; dans *l'Orléanais* du 14 août 1839, je mentionne honorablement les prix nombreux que venaient de remporter l'un au prytanée de Menars, l'autre à l'école de Pont-Levoy, deux enfants de nos concitoyens, les jeunes Trousseau et Combessis. Et c'est si bien une justice que je me plais à rendre à tous et à chacun sans acception des personnes, que l'homme le plus pauvre comme le plus riche a des droits égaux à mes éloges; sous ce rapport, il n'y a pour moi ni rang ni fortune, il n'y a que bonnes ou mauvaises actions : dans *l'Orléanais* du 13 novembre 1839, je récompense, autant que je puis récompenser, c'est-à-dire par une mention honorable, la conduite d'un pauvre cantonnier qui s'était jeté à l'eau pour secourir trois personnes qui y étaient tombées. Qu'il me soit permis de transcrire presque en entier un petit article, qui, plus que tout autre, portera la démonstration jusqu'à l'évidence : « *Une branche d'industrie que M. Guerton a la gloire d'avoir implantée dans nos environs, promet de s'y accroître de plus en plus; une manufacture de sucre de betteraves s'organise en ce moment à Baugency. Les noms des personnes à qui nous devons cette utile entreprise, appartiennent aux propriétaires les plus recommandables du pays; ce sont MM. Duchalais jeune, Porcher, Fafet aîné, Fafet jeune, Couillard, Savart, Pandellé, Bonny-Pellieux, Couturier-Valois, Cahu, Benoist jeune, Chassaigne et LORIN DE CHAFFIN..... Nous nous faisons un devoir de mentionner honorablement en même temps un autre établissement industriel qui avait aussi été jusqu'ici étranger à notre ville; c'est une manufacture de fécule de pommes de terre, qui y a été fondée il y a quelque temps par M. David aîné... HONNEUR ET REMERCIEMENT à ceux de nos concitoyens qui ont eu l'heureuse idée, etc. (L'Orléanais du 17 mars 1833.)* » Et M. Lorin de Chaffin aura l'audace de reprocher à l'auteur de ces articles qu'il n'écrit dans un journal QUE POUR tourner en ridicule l'administration de son pays et ses concitoyens ! Je vous laisse à penser, messieurs, de quel côté se trouve réellement le calomniateur.

M. Lorin de Chaffin nous déclare que sa *vie ne se cache pas dans l'ombre;* oh ! non ; il n'est jamais venu, il ne viendra jamais dans l'idée de personne, de lui reprocher qu'il cache sa vie dans l'ombre ; ce n'est assurément pas là le défaut de M. Lorin de Chaffin.

Enfin M. Lorin de Chaffin semble faire un appel à la reconnaissance, à la vénération, à l'admiration de ses concitoyens, pour les services immenses que sa plume leur a rendus ; il ne leur *demande que de juger entre celui qui consacra toujours sa plume et son temps à servir les intérêts de sa ville adoptive, et l'homme qui en abuse pour déconsidérer le pays qui l'a vu naître.* Ainsi, si c'est à moi que s'adressent de tels reproches, *j'abuse de mon temps et de ma plume pour déconsidérer ma cité ; je ne sers pas ses intérêts.* Je rougis, je l'avoue, de l'obligation que m'imposent les attaques de M. Lorin de Chaffin ; parler avantageusement de soi est un rôle pénible, à moins qu'on ne soit un de ces hommes dont la vie ne se cache pas dans l'ombre ; et pourtant faut-il bien confondre tout-à-fait M. Lorin. Selon lui, *je ne sers pas les intérêts de ma cité.* Mais n'ai-je pas saisi avec empressement, au contraire, toutes les occasions, grandes ou petites, de lui être utile ? Au mois d'août 1831, l'apparition dans notre ville d'un choléra-morbus rapidement mortel, jette l'effroi dans tous les esprits ;

mes concitoyens se croient dès lors visités par le fléau voyageur ; convaincu qu'il n'en est rien, je me hâte de calmer l'inquiétude publique par une longue lettre que j'adresse au maire de Baugency et que je fais insérer dans un des journaux du département (Voyez l'*Orléanais* du 10 août 1831). Au mois de février 1837, des erreurs dangereuses relatives à la grippe, étaient propagées comme à plaisir par les feuilles parisiennes ; insérer dans l'*Orléanais* une lettre qui prémunisse mes concitoyens contre ces erreurs, est une première inspiration à laquelle je m'empresse de céder : en même temps je leur fais part de traitements qui m'étaient particuliers, et dont l'efficacité contre cette maladie était constatée à mes yeux. (Voyez l'*Orléanais* du 8 février 1837). Dans l'*Orléanais* du 24 octobre 1838, j'ai redressé d'autres erreurs concernant le magnétisme animal, lesquelles pouvaient attirer mes concitoyens dans des pièges dont auraient eu à souffrir leur bourse, leur santé, leur vie. En 1833, le public orléanais s'engoue d'un nouveau préjugé ; au rang des erreurs reçues vient se placer le massage-Molteno. Le vertige est tellement général, qu'il gagne jusqu'aux journaux, dont la mission est en quelque sorte de barrer le passage à toute fausse opinion. Signaler l'écueil que j'ai aperçu, me paraît un devoir rigoureux, et ce devoir je ne néglige rien pour y satisfaire (Voyez ma petite brochure *sur les séances de magnétisme animal qui ont eu lieu à Orléans en janvier 1840*). Au mois de janvier 1840, de prétendus magnétiseurs tentent d'exploiter à Orléans la crédulité publique. Cette fois encore la presse périodique départementale se laisse entraîner à une complicité qui peut légitimer, aux yeux de beaucoup de gens, les nouvelles jongleries magnétiques. Je trouve quelque péril à laisser se prolonger un tel état de choses ; mais les journaux qui s'étaient hautement prononcés en faveur de l'erreur, me refusent la petite place que je sollicite dans leurs colonnes, pour l'y combattre. Plutôt que de laisser mes concitoyens en butte à ses traits, je me décide à faire imprimer à mes dépens un exposé de mon opinion. Est-ce donc là ne montrer aucune sollicitude pour sa cité ? Mais poursuivons. Depuis plus de vingt ans, je suis spécialement, et sans aucun dédommagement pécuniaire, le médecin de mes concitoyens indigents ; c'est à moi, à moi uniquement, que se sont toujours adressés, pendant ce quart de siècle, les protecteurs nés des pauvres, les quatre derniers curés qui se sont succédé à Baugency, MM. Reuilly, Chatelin, Breton et Desbois ; je me suis laissé instituer le médecin officiel de la classe indigente, fonctions pénibles auxquelles je me fais un devoir d'apporter le dévouement que ne trouvent pas moins en moi les malheureux que les heureux, les indigents que les riches. Est-ce là ne pas se rendre utile à ses concitoyens ? Le sort en avait décidé, et le conseil de révision avait confirmé sa sentence ; M. Hubert, arpenteur, était soldat. A cette époque, aucune intimité n'existait entre cet intéressant jeune homme et moi ; seulement il est enfant de Baugency, et, à mes yeux, il se trouvait victime d'une injustice ou d'une erreur. Je m'adresse au feu duc de Lorge, dont on n'implorait jamais en vain la bienfaisance. Le jour, à l'instant même du fatal départ, une dernière révision est accordée aux pressantes sollicitations de l'obligeant protecteur, et notre jeune concitoyen est rendu à sa bonne et vieille mère. Un cadeau d'argenterie, fut destiné à m'exprimer leur bien vive gratitude; je l'ai refusé : j'étais assez heureux de leur bonheur et de leur joie. Deux pères de famille, M. Poirier, bourrelier, et M. Marteau, maréchal, tous deux pompiers, sont grièvement blessés en faisant l'exercice du canon. L'autorité ne s'occupe pas du sort de ces familles, qui cependant le méritaient à tant de titres. J'écris au duc de Lorge. Il se hâte de s'adresser au ministre de la maison du roi. La requête est mise sans retard sous les yeux de Charles X, et une rente de cent francs, qui malheureusement a cessé d'être payée en 1830, est accordée à nos concitoyens blessés; j'ai entre les mains les preuves de ce que j'avance. Peut-être ai-je concouru pour quelque chose à attirer sur ma cité un beaucoup plus grand bienfait; je veux parler du don temporaire d'un vaste local, que le noble duc a acheté de ses deniers pour servir d'hôpital aux cholériques. A la vérité, je n'ai pas eu besoin de grands efforts pour que le projet de ce don magnifique prît naissance dans l'esprit du généreux bienfaiteur de nos concitoyens. Lui apprendre que le besoin en était senti et que l'argent pour l'acquérir manquait, c'est tout ce que j'eus à faire ; c'est bien peu assurément. Mais, sans moi pourtant, sans mes habitudes auprès de cette noble famille, sans l'idée qui m'est venue de mettre sous ses yeux notre embarras, la ville était privée de cette grande ressource... Et je ne sers pas ma cité ! Quels services, M. Lorin de Chaffin, rendus par votre plume, peuvent être mis en parallèle avec ceux que je viens de citer? cette partie de *ma vie*, à moi, *était restée cachée dans l'ombre*; elle y serait encore sans vos attaques; il aurait été plus beau, je le sais, de continuer à l'y laisser; mais j'espère que mes concitoyens voudront bien reconnaître que les accusations de M. Lorin de Chaffin, qui tendent à m'arracher celui de tous les biens auxquels j'attache le plus de prix, leur estime, m'y ont en quelque sorte obligé; *la calomnie*, a dit Voltaire, *peut réduire à la nécessité de dire du bien de soi-même.*

Si c'est à moi que les injures de M. Lorin sont adressées, j'en ai dit assez, je crois, pour les faire apprécier à leur valeur. Quant à la conduite d'un homme qui a traité avec autant d'injustice un de ses concitoyens dont l'unique ambition est de se rendre utile, je laisse à votre bon sens et à votre équité, messieurs, à décider ce qu'on doit en penser.

Mais, que dis-je, messieurs? Votre réponse à l'appel de M. Lorin ne s'est pas fait attendre autant que la mienne. C'est le 24 mai qu'on me signalait à votre animadversion et à votre mépris (toujours dans l'hypothèse que les attaques de la lettre de M. Lorin sont dirigées contre moi), et, le 7 juin suivant, la pluralité de vos suffrages me donnait de votre estime et de votre confiance, des témoignages authentiques, en m'appelant à faire partie des membres dont se compose le conseil municipal; bien flatteuse manifestation, messieurs, que je ne crois nullement devoir à mon faible mérite, mais que j'attribue uniquement à l'indignation que la lettre de M. Lorin a inspirée à la plupart d'entre vous et au besoin qu'elle vous a fait sentir de réparer une éclatante injustice (1).

Voici une bien longue lettre, messieurs; mais jeter sans respect à la face de ses lecteurs quelques lignes

---

(1) Dès l'apparition de la lettre dans laquelle on me suppose attaqué, plusieurs de mes concitoyens m'ont fait demander si j'étais disposé à accepter les fonctions de conseiller municipal (fonctions dont mon père s'était démis en 1830, et pour lesquelles on n'avait songé ni à l'un ni à l'autre de nous depuis cette époque). J'ai répondu que je les accepterais volontiers, mais que mon intention formelle était de ne pas faire la plus petite démarche pour favoriser mon élection; et qu'afin d'éloigner jusqu'à la moindre apparence de brigue soit pour, soit contre, une lettre que j'étais sur le point de faire imprimer en réponse à celle de M. Lorin, ne serait publiée qu'après que les élections seraient terminées. Enfin on désirait de moi une sorte de profession de foi; je me suis borné à répondre: mes antécédents vous sont connus; ce que j'ai été jusqu'ici, je le serai toujours.

bien tranchantes, bien présomptueuses, bien arrogantes, sans daigner descendre à démontrer la valeur, à articuler les preuves de ses propositions; qu'un autre se permette d'en agir de la sorte; moi, messieurs, je fais trop de cas de votre jugement, j'attache trop de prix à votre estime, pour me permettre jamais d'en user avec vous aussi cavalièrement.

Je suis, avec les sentiments d'attachement et de respect qu'inspire la cité à tout homme de bien et de sens,

   Messieurs,

    Votre concitoyen dévoué,

     DOCTEUR PELLIEUX,

ANCIEN INTERNE DES HÔPITAUX DE PARIS ET MEMBRE CORRESPONDANT DE L'ACADÉMIE ROYALE DE MÉDECINE DE PARIS ET DE PLUSIEURS AUTRES ACADÉMIES DE MÉDECINE DE LA CAPITALE ET DES DÉPARTEMENTS.

Baugency, ce 11 juin 1840.

P. S. Un nom respectable, le nom de la famille de Chaffin, se répète bien des fois dans cette lettre; je déplore la nécessité qui m'y a réduit; je me fais même un devoir de protester hautement ici, que j'ai la plus sincère estime pour cette famille, à laquelle notre cité a dû d'honorables magistrats; à laquelle appartient un de nos plus recommandables concitoyens, ancien officier, auquel ses services ont mérité la récompense du brave; c'est à cette famille de Baugency, c'est à une famille qui nous appartient en quelque sorte, c'est par conséquent à nous, pour ainsi dire, que M. Lorin doit tout ce qu'il est dans notre ville ; c'est à nous qu'il faut qu'il rapporte son rang et la considération dont il jouit, et non à une plume, qui, loin d'avoir rendu à notre cité d'aussi grands services qu'il se le persuade et qu'il s'en glorifie, lui a beaucoup plus nui à lui-même, qu'elle n'a pu lui être utile dans l'opinion de ses concitoyens.

FIN.

www.ingramcontent.com/pod-product-compliance
Lightning Source LLC
Chambersburg PA
CBHW060631050426
42451CB00012B/2541